Baeredel

Weil

Zeit

einmalig ist...

Gedichte und Gedanken „Leben"

Cover

und

Illustration

by

Baeredel

Weil Zeit einmalig ist…

Gedichte und Gedanken…

Leben

by Baeredel

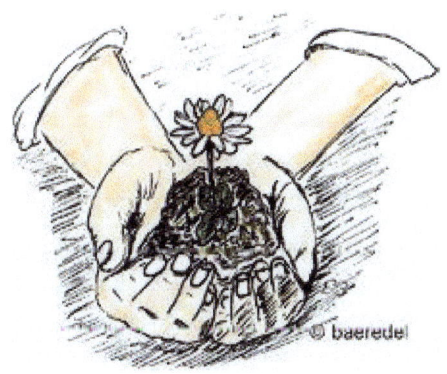

Bibliografische Information durch
Die Deutsche Bibliothek:

Die Deutsche Bibliothek verzeichnet diese Publikation
in der Deutschen Nationalbibliografie; detaillierte
bibliografische Daten sind im Internet über
http://dnb.ddb.de abrufbar.

Herstellung und Verlag:
BoD - Books on Demand, Norderstedt
ISBN 9783751934459

Weil **Zeit** einmalig ist…

Zeit genießen

Zeit ist wertvoll!

Zeit
ist
ein Geschenk für Dich!
Du bist
ein Geschenk
für die
Zeit…

 **Zeit** ist Leben!

Fremde

In der Fremde
ein Fremder

bist Du
bin ich

und
doch

entdeckt man

in der Fremde
an dem Fremden

immer noch
etwas…
Bekanntes?
Vertrautes?
Verwandtes?

Die Zeit kommt nicht...
... sie ist
> stets da,

> wer kommt und geht,
> ... das sind wir.

Wir,
die wir
oft sagen,
auch meinen:
< wir haben keine >
< Zeit >

obwohl wir
uns
trotz Allem

inmitten
ihres
Seins
befinden...

Die Zeit

läuft...

aber
wir

fahren!!!

Wenn die Zeit läuft...

und wir
aber
fahren,

könnten
wir sie
eigentlich
glatt
überholen…!

Wenn Erfolg
leicht ist...

dann
muss
man
ihn

besonders
gut
festhalten...

Höhenflüge

erreichen

die

mit
leichtem Erfolg

sch...
nel...
ler...

Ein kreativer Mensch

braucht nicht
viel Platz,

aber
viel Raum…

in
seiner
Zeit…

Ein kreativer Kopf

braucht
auch

kreative
tatkräftige Hände…

Wenn Du
etwas be- nötigst,

warte...!

Vielleicht
wird es

über-

flüssig...

Von ganz hoch oben
ist die
Bodenständigkeit
weit
entfernt

…

im
Fall
allerdings
sehr schnell,
auch
schmerzhaft,
zu
erreichen.

In der eigenen Stube

vergisst
man,

wie
klein
man

in
Wirklichkeit
Ist.

„Ja...!"

„Ja" müssen wir zum Leben sagen

„Ja!"
an allen unser`n Tagen.

„Ja"
ob Leid uns manchmal drückt...

„Ja"
ob Glück uns auch beglückt...

„Ja"
zu manchem Regentag...

„Ja"
wenn die Sonne mal nicht mag...

„Ja...!"
auch zur Krankheit...

„Ja!"
auch zum Tod...

„Ja"
zu unserm Leben
in jeder Fasson...

Denn ein „Nein"
hieße:
das Leben vergeben...
und...
was nützt` dann ein:
„Pardon"?

Wenn

die Seele
betroffen
wird,

re-
agiert
sie:

STOPP!

STOPP!

STOPP!

STOPP!

STOPP!
STOPP!

STOPP!
STOPP!

STOPP!

STOPP!

STOPP!

Wer in den Wolken
schweben kann,

muss
leicht
wie eine Feder
sein…

Jedoch findet
auch
eine Feder

langsam
zur Erde
zurück.

Wem Erfolg
in den Kopf
steigt,

kann
ihn
nicht
unbeschadet
festhalten…

Wer blind für andere geworden ist,
sollte sich nicht wundern,

wenn auch
die
Anderen

blind
werden

…

für ihn!

Mit

Liebe

zugedeckt
kann

Hass
nicht
aufkeimen…

Schau,
die Träne...

liegt
nun da...

Sie wartet...
nicht
lange,

da
ist sie

getrocknet...

egal
wo

sie verloren
wurde.

...und,
der sie verloren hatte,
wird sie

nicht mehr vermissen...!

„Reigentanz"

Wo die Mücken tanzen Reigen
scheint oft noch die Sonne,
doch die scheint sich auch zu neigen
vor der „running rain-kolonne"

Wenn die Mücken tanzen noch
sieht man bald die Sonne schwinden,
öffnet sich ein Wolkenloch
wird nass man bald sich wiederfinden…

Und die Mücken, die getanzt
gerade noch im Sonnenschein
sind unter Blättern nun verschanzt
recht schwer sind ihre Flügelein.

Köpfchen, Beine, Essgeschirr
alles ist nun wieder sauber
und ins vermeintliche Gewirr
kehrt bald zurück der Solar-Zauber.

Alles scheint nun
wie vorher

nur...

ein bisschen

späterer...!

Natürlich!

Pflanzen
sind klug...
Wer Pflanzen einige Male
an denselben Stellen
stutzt und beschneidet,
wird
vielleicht
bemerken, dass
die beschnittene Pflanze nach
diesen einigen Malen
das Wachstum an diesen Stellen
sofort
einschränkt
bzw. ganz aufgibt.

Ich erkläre
der Pflanze gleich
beim ersten Mal
des Beschneidens
mein Tun, so,
dass sie mich versteht.

...dadurch

erspare ich
ihr
weitere Verwundungen,

mir
einiges
an überflüssiger Arbeit.

Nachwort:

Greife nicht in die Natur ein,
egal was du tust,

sie

ist stärker.

Wenn

alte Bäume
sprechen,

höre zu,

dem Rauschen
alter
Zeit...

Wenn wir alt sind,

glauben wir,

dass
das Alter zu ehren sei...

Hoffentlich

haben wir dies
unseren Kindern
bis dahin
verständlich
machen können.

Etwas mehr

Bescheidenheit

und

…

der Frieden
ist
sicher.

Die Zeit
ist nur einmal.
Doch sie
b l e i b t
immer...!

Winzig Dein Teil
in ihr...
Du teilst
sie nimmer...!

... ewig währet
    die Zeit...!

Noch
bist Du...
ein Teilchen
in dieser
Ewigkeit.

Eine kleine
Blume

saß noch grün
in grüner Wiese.

Zart knospete sie still
und flüsterte: „Ich will,
eine schöne Blume werden,
vielleicht, die schönste, hier auf Erden...

Regen, Sonne und auch Wind
halfen diesem Blumenkind.
Goldig
in dem weißen Kragen
strahlt es bald an sonn`gen Tagen.

Schön fand es sich hier auf der Wiese!
Süß fand`s die kleine Anneliese,
die es pflückt` mit ihren Händchen,
trocknet`s zwischen Bücherwändchen.

Viel später:

saß, alt schon, die Anneliese
auf der Bank vor dieser Wiese,
auf dem Schoß in off'nen Seiten,
in dem Buch aus alten Zeiten,
liegen fein die Gänseblümchen,

die ihr trocken
aus der Erinnerung
noch immer

Freude bereiten....

Wenn
heiße Liebe

überkocht

bleibt

nicht
viel übrig.

Scheidung

Manche Vögel
fliegen auseinander.

Die Welt ist groß.
-
Manche Vögel
treffen sich niemals mehr wieder.

Manche doch.
Sie werden sich nur noch
von guten Zeiten
unterhalten…

Über schlechte
schweigen die Klugen,
um sich nicht
ihre guten Zeiten
zu verderben.

Lebenserfahrungswerte

bestimmen

je
nach Intelligenz,
Auffassungsgabe
und Einsicht...

das Klima
des Alters.

Tiere
würden
niemals

untierisch
sein,

schon
gar nicht

unmenschlich...

Der Mensch
aber,
ist
manchmal

ein
Untier...

... liebe Dein Leben

Es ist die Grundlage

all
Deiner Gedanken,

all
Deines Tun`s...

Es ist:
Dein Weg,
die Möglichkeit,

Dein
Ziel
zu erreichen.

Warum
so viele

Bäume fällen,

wenn
Zeitungen

doch nur
mal
kurz

...

überflogen
werden?

„Weil Zeit einmalig ist!"
Ich will es nicht versäumen,
und fang` schon an zu träumen,
wie sich die Zeile liest...

„Weil Zeit einmalig ist!"
Wenn man sitzet im Büro
Oder vielleicht anderswo,
sieht man, wie der Zeiger frisst...

„Weil Zeit einmalig ist!"
Werte sie, du kannst gewinnen,
lass` sie nicht durch die Finger rinnen,
nutzlos sie >Dir< sonst vorüber ist...

„Weil Zeit einmalig ist!"
Mache Freud` dir selbst darin,
sag` nur: „Arbeit hat auch Sinn!"
Spaß und Lächeln dazu `ne List...

Nicht nur:
„Weil Zeit einmalig ist!"

Wer nicht

jung

sterben will,

sollte
bereit sein,

„alt"
werden wollen

zu dürfen!

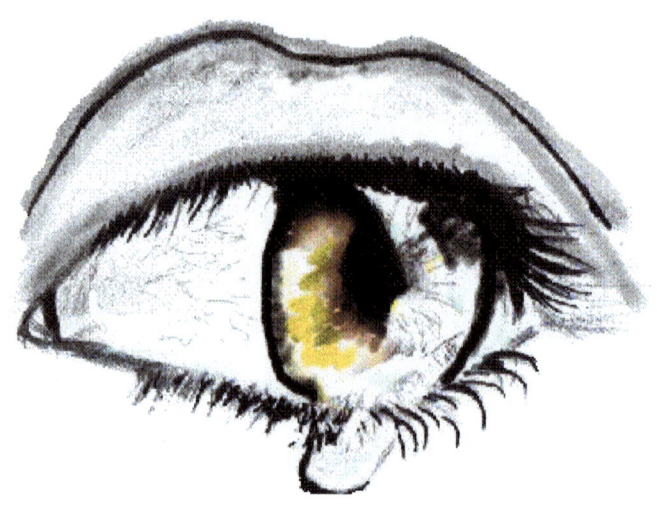

Es war einmal eine kleine Träne.

Die war von einem kleinen Jungen geweint
worden. Sie fiel auf seine Hand, mit der er sich
die Äuglein abwischen wollte.

Die Träne hieß „Tröpfchen".
Weil die erste Träne zaghaft aus dem Auge tropft
und immer klein ist, deshalb heißt diese erste
Träne immer „Tröpfchen".

Tröpfchen sah, dass der kleine Junge sehr traurig
war und fragte ihn:

„Warum Junge, warum bist du denn so traurig,
dass du mich sogar geweint hast?"

Der kleine Junge hörte sie aber nicht und weinte
und weinte…
So fielen viele Tränen auf die kleine Träne,
und eine Träne nach der anderen wurde größer
und größer.
Eine Träne hielt sich an der anderen fest und
schließlich fielen sie alle über die kleine Träne
„Tröpfchen" hinab auf den Fußboden.

„Halt ein, kleiner Junge, nun weine doch nicht mehr so. Meine Schwestern fallen schon alle auf den Boden. Sie purzeln hinunter und tun sich doch auch so weh. … und wenn Du nicht aufhörst, dann müssen sie gar auch noch selbst weinen."

Aber der kleine Junge hörte die Träne auf seiner Hand nicht. Doch die kleine Träne „Tröpfchen" gab nicht auf, sich bemerkbar zu machen.

Sie redete und redete. Dabei hielt sie sich an der Hand des kleinen Jungen ganz fest und sie passte gut auf, dass sie nicht wie ihre Schwestern auf den Boden fiel.

Als der kleine Junge ihre Worte immer noch nicht verstanden hatte, entschloss sich Tröpfchen, sich in ein Salzkörnchen zu verwandeln.

Seinen Schwestern rief es zu: „Liebe Schwestern, der kleine Junge ist so traurig, lasst uns alle schnell in kleine Salzkörnchen trocknen, damit der Kleine nicht noch nasse Füße bekommt und krank wird."

Die Tränenschwestern bemühten sich, so schnell wie möglich zu trocknen, um Salzkörnchen zu werden. In der Reihenfolge, wie die Tränenschwestern gefallen waren, trockneten sie nach und nach zu Salzkörnchen.

Plötzlich hörte Tröpfchen, das sich selbst zwischen dem Daumen und dem Zeigefinger in der Hand des kleinen Jungen noch immer festhielt, etwas rufen.

„Wer hat denn hier die Milch umgeschüttet?"

Es war eine verwundert klingende Frauenstimme, die wohl aus der Küche kam.

Schritte näherten sich.

„"Oh mein kleiner Schatz, Du brauchst doch nicht zu weinen, nur, weil Du deine Milch verschüttet hast. Du bist ja noch klein, und musst noch ganz viel lernen.

Wir beide werden die Milch jetzt aufwischen. Komm hilf mir, das kannst Du schon.

Und dann helfe ich Dir und zeige Dir noch
einmal, wie Du die Milch vorsichtig in Deine
Tasse schütten kannst. Dann hast Du schon
wieder etwas gelernt.

Du wirst sehen, beim nächsten Mal klappt es
schon viel besser. "

„Oh ja, Mami!" strahlte der kleine Junge.

Da war die kleine Träne „Tröpfchen", die zum
Salzkörnchen getrocknet war, glücklich,
dass der kleine Junge endlich aufgehört hatte,
zu weinen.

Die Tränenschwestern klatschten alle
glücklich Beifall und tanzten als kleine
Salzkörnchen so lange, bis der Wind sie in den
Himmel blies.

Die Jugend
ist

wie
die Grundmauer
eines zu errichtenden Gebäudes.

Ist sie zu schwach
ausgerichtet,

wird
ihr
„jedes Dach"
zu schwer werden.

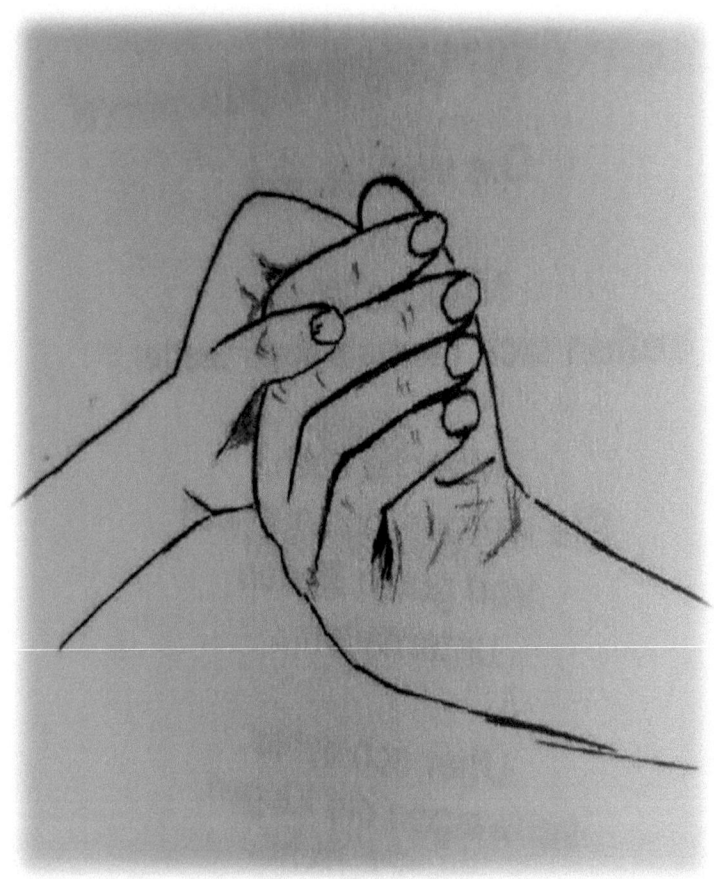

Du warst mal klein…
Ach, es ist schon lange her,

 Kind gewesen?

Es war recht schwer;
früher
während Kriegeszeiten…

Heute
will Frieden man bereiten…
stetig
und zu allen Zeiten:

Kaufen, stehlen oder leihen!
Eins müsst passen
von den dreien!

Heut` denk` daran,
auch du warst mal klein,
und dir
konnt` man früher
auch verzeih`n…

„... um mich her!"

Es sind die Menschen um mich her
alle sehr verschieden,
und manchem fällt es wohl sehr schwer,
seinen Nächsten auch zu lieben!

Ein Jeder nimmt so seinen Weg,
den er wohl gehen muss,
mancher scheinbar leicht
über manchen Hürdensteg,
ein andrer nur mit Verdruss.

Den Ärger
streut er um sich rum...
der... **wird**
sich so vermehren
und größer werden,
das ist schrecklich
und dumm,
denn
dessen Folgen verheeren...

„... *er liebt mich nicht...,*

er liebt mich...!

Gänseblümchen,
in einem Meer von Gänseblümchen,
in der Wiese
vor dem Haus,

denkt bei sich:
„Hier sitz' ich nun...,
wem falle ich hier auf?"

Und wie es so denkt,
wird es geknickt
von einem jungen Mädchen.
Die Blüten- Blättchen
rupft's ihm aus:
und durch ihr
Kehlchen klangs's heraus:

er liebt mich nicht…, er liebt mich..,
er liebt mich nicht…, er liebt mich….

Ihrer Blütenpracht beraubt,
lag's kahl nun in den Händen,
dieses Mädchens, das nun glaubt,
diese Liebe wird niemals enden….
Achtlos ließ sie nun das Blümchen fallen
in das Gras, so nass und hoch;
ohne Sinn und doch von Sinnen
dachte sich das Blümchen noch:

„… er liebt mich?"
ist er dieses Opfer Wert…
ich war noch nicht ausgewachsen…
ein Orakel – umgekehrt?

„... durch Dunkelheit!"

Geh´n wir durch Dunkelheit manchmal
und finster ist uns zumute,
oder... gehen wir durch ein tiefes Tal,
so wünsche ich mir doch allzumal,
dass mich nun wieder endlich
ein Lichtstrahl trifft und erhellt mich:

dass meinen Weg ich wieder erkenne,
damit ich mich im Dunkel
nicht gar so verrenne;

Hat´s mich
dann getroffen,
und ich seh` wieder ganz klar,
dann weiß ich:

LEBEN
ist
so wunderbar!

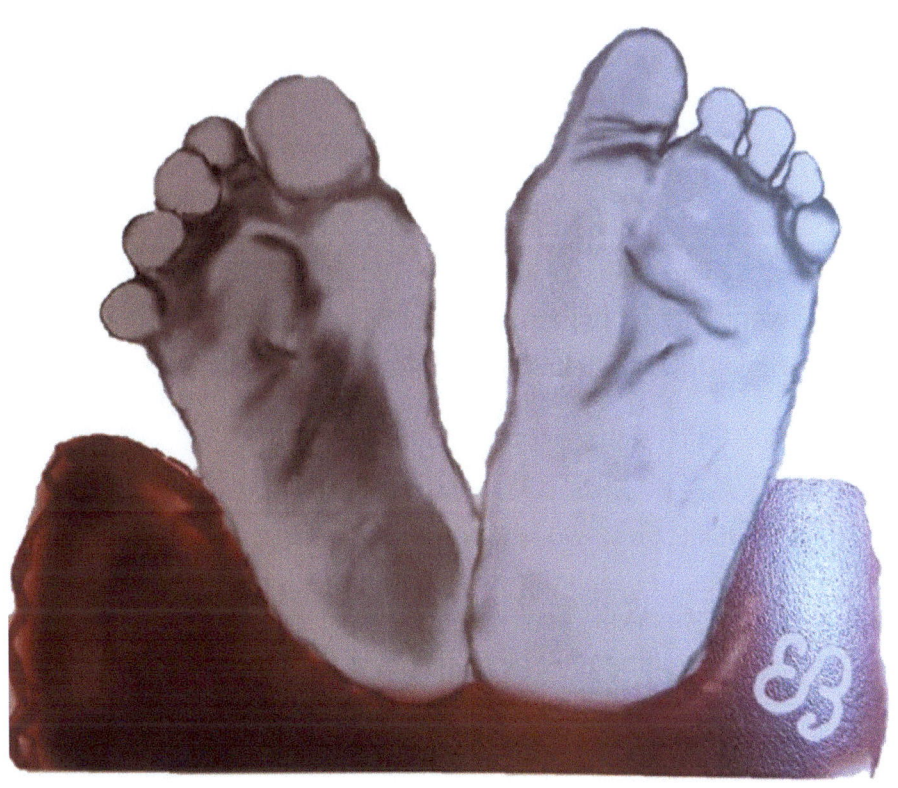

Deine Füße

Deine Füße tragen Dich wo hin,
kommt`s Dir nur so ... mal in den Sinn;
Gib` Deinem Gehirn die INSTRUKTIONEN,
den Gedanken entnommen,
die in Deinem Kopf wohnen!

Deine Füße wollen sich nicht stets beeilen,
wenn manchmal müde, sollen sie auch verweilen;
Gib` Deinem Gehirn die INSTRUKTIONEN,
den Gedanken entnommen,
die in Deinem Kopf wohnen!

Deine Füße wollen manchmal mit dem Kopf
Auf gleicher Stufe sein;
Dann lege Dich hin und schlaf` ruhig ein;
Gib` Deinem Gehirn die INSTRUKTIONEN,
den Gedanken entnommen,
die in Deinem Kopf wohnen!

Sei immer gut zu Deinen Füßen,
die doch beim Aufstehen schon immer Dich grüßen.
Gib` Deinem Gehirn die INSTRUKTIONEN,
den Gedanken entnommen,
die in Deinem Kopf wohnen!

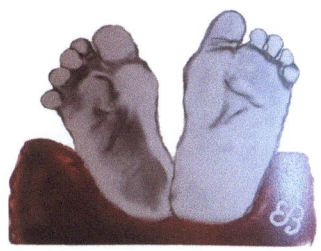

Deine Füße sind an Dir hängende Freunde;
Allzeit bereit, ob bei Sonnen oder Monde.
Gib` Deinem Gehirn die INSTRUKTIONEN,
den Gedanken entnommen,
die in Deinem Kopf wohnen!

… in Deinem Kopf wohnen!
…in Deinem Kopf wohnen!
…in Deinem Kopf wohnen!

Spiegel

Ein Spiegel ist 'ne feine Sache!
Ich schau hinein, und wenn ich lache,
wirft er ein freundlich' Bild zurück,
genau
in diesem Augenblick.

Schau ich hinein und bin am Weinen,
werd` gleich darauf ich sehr bald meinen,
Traurigkeit ist's, die hässlich macht...
Schöner ist man, wenn man lacht!

Drum schau öfter in den Spiegel rein,
ein Spiegel wird immer ehrlich sein;
Keiner braucht sich
hinterm Spiegel verstecken...
schaut man freundlich hinein –
wird man nicht erschrecken!

Es könnte doch die Liebe siegen!

Wenn wir

... nicht nur die Siege lieben,
... auch den Streit nicht übertrieben,
... unserm Hass nicht unterliegen,
... statt Schreiereien – ruhig blieben;

... nicht immer nur nach rückwärts blicken,
... uns vor der Zeit nicht zu sehr drücken,
... in Schuld nicht nur den andern schicken;
... nicht nur in Träumen leben – voll   Entzücken;

... Ach, so viele Dinge mehr
machen Leben liebeleer;

Doch Leben

wär' nur halb so schwer
nach der Liebe Wiederkehr!

... himmlisch!

Man steht oft nach großem Regenfall
auf Erden, wenn auch
noch mit nassen Füßen,
doch wieder
in einem Sonnenstrahl!

... dies ist neu zu genießen!

Und oft
bewege ich mich in der Sonne,
doch
daran denke
ich
meist nicht...:

Ich übe nun meine Rolle...
Sogar
in himmlischem Rampenlicht...

Es geht ein Kind

offen zu jedem ander'n hin –
ohne Zögern, ganz geschwind!
... nichts Böses hat es in dem Sinn!

Freundlich lacht
es auch den andern zu,
und alles, was es sonst noch macht,
ist ohne Tücken und Getu'.

Die Freude
lacht aus ihn heraus,
und sein Schmerz,
der weint sich aus.

***

Dies erkennend,
wachsen Wünsche in mir,
die auch wirklich klein sind,
denn,
dann wünsch' ich mir nur:

„Ach, wär'n wir wieder Kind!"

Ab Deiner Zeit
behüten
Dich liebevoll
Vater und Mutter
selbstlos,
ohne Dank zu erwarten.

Sie arbeiten für Dich
Sie investieren ihre Zeit in Dich
Sie planen nichts ohne Dich
*Auch wenn sie für sich selbst keine Zeit fänden,
für Dich machen sie Unmögliches möglich*

Sie trocknen
Deine Tränen.
Sie freuen sich,
wenn es Dir, ihrem Kinde,
gut geht...

Wenn Du, Kind,
„größer"
geworden bist,

schau' nicht
über
sie hinweg…

Und
vergiss nie,
Kind,
dass wir
nacheinander
doch

in
die Erde
wachsen…

Vergiss nicht ...

Weil Zeit einmalig ist,
vergiss nicht
den Grundstein
Deines Lebens.

Weil Zeit einmalig ist,
vergiss nicht,
dass man gute Zeit
nicht vergessen muss.

Weil Zeit einmalig ist,
vergiss nicht,
dass Deine Zeit
gute Früchte tragen kann.

Weil Zeit einmalig ist,
vergiss nicht
Deinen Sprösslingen
Zeit für
Licht und Sonne zu ermöglichen.

Weil Zeit einmalig ist,
vergiss nicht,
Deine Wurzeln
zu beachten und zu pflegen...
aus ihnen erhältst Du Kraft
bis zu Deinem Ende.

Weil Zeit einmalig ist,
genieße auch
die Ernte
Deines Lebens...

„... schon spät!"

Es ist schon spät geworden
Und dunkel obendrein;
Das wird bis früh am Morgen
Nun auch nicht anders sein.

Ich kann mich dreh'n und wenden,
Nichts änder` ich daran;
Doch alles wird mal enden,
weil alles mal begann.

Ist wieder hell der Morgen,
vergiss durch das Dunkel der Nacht
die großen und kleinen Sorgen,
die Dir der Tag vielleicht vorher gebracht!

Es verging

die Zeit,
so schien es,

wie im Flug',

so schnell
vorbei:
Kindheit
Jugend,
Zeitbetrug…

Vertan
…
so manche
Möglichkeit
mit Warten
nur

auf

Gute Zeit?

Biografie

Es war einmal:

Ein kleines Mädchen, das wurde 1949 in Hoyerswerda geboren, als viertes Kind und drittes Mädchen, als Naseweis vor ihrem jüngeren Bruder. Zwar am gleichen Tag wie ihr ältester Bruder – nur eben zwei Jahre später in einen Kaufmannshaushalt, der immer mit Arbeit belegt war. Vater: Handelsschullehrer; selbständiger Kaufmann, liebevoller Vater – Mutter: Kauffrau und stets opferbereite Mutter.

1953 Flucht (wegen Kapitalisten-Verfolgung) mit der Mutter zum Vater und den übrigen Geschwistern in „den Westen".

Das Mädchen lebte 13 Jahre in Fulda zeitweise mit dem kleinen Bruder bei einer Tante.
Grundschule und Mädchengymnasium fielen auch in diese Zeit. Die weiteren Lebenslehrzeiten fanden in Bochum, Witten und Lünen statt;

Schon im Elternhaus wurde Tierliebe und Nächstenliebe groß geschrieben.

Dies hat erheblich dazu beigetragen, das Leben dieses "Kindes", das nun sein Zuhause unter dem Himmel über Dortmund entdeckt hat, entscheidend zu prägen.

Die Menschen

sind wie Blumen

angestrahlt

blühen sie auf

Inhaltsverzeichnis

Zeit

gibt es nicht zu Schleuderpreisen

Zeit
ist einmalig

Zeit
ist kein Wiederholungsprozess

Zeit
ist ein
wertvolles

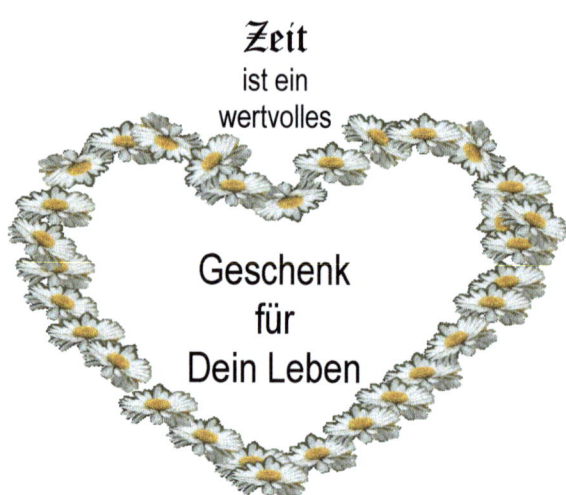

Geschenk
für
Dein Leben

Baeredel

Weil
Zeit
einmalig ist…

Gedichte und Gedanken… Leben!

Von Herzen
wünsche ich Ihnen
immer

Eine gute Zeit!

Aber, vergessen Sie nicht,
s e l b s t
daran mitzuwirken.
Gutes Gelingen!